PROJET
D'UN DÉCRET PROVISOIRE SUR LE CLERGÉ, &c.

PAR M. l'Abbé SIEYES.

Du 12 *Février* 1790.

A PARIS,
DE L'IMPRIMERIE NATIONALE.
1790.

(5)

AVANT-PROPOS.

C'EST véritablement un Avant-Propos que j'écris, puisque je dois reporter un instant le Lecteur aux premiers jours d'Août de l'année dernière. On connoît suffisamment ce qui s'est dit & fait à l'Assemblée & dans les rues de Versailles, depuis le 6 jusqu'au 11, relativement aux dîmes. Tout le monde n'est pas aussi bien instruit de ce qui s'étoit passé dans les Comités, où s'agitoient d'avance les questions & les motions que l'on portoit ensuite à l'Assemblée. Voici un fragment de discours, ou de conversation de ce temps-là. S'il n'est utile, il ne sera pas non plus dangereux.

« . . . . Vous avez une Constitution à faire, & les Finances à rétablir. Ne perdons pas de vue, un seul instant, ce double objet; bornons-y tous nos efforts. Si la Révolution qui s'opère ne ressemble à aucune autre, c'est qu'elle a pour première & véritable cause les progrès de la raison. C'est par la force des principes que nous sommes victorieux. Que les Agens de l'ancienne Administration, que l'espèce d'hommes qui circule dans les anti-chambres de ce pays, & sur-tout que les maîtres en tactique parlementaire se persuadent que rien ne se fait au monde que par l'intrigue, que par des manœuvres, & qu'ils pensent tous devenir des hommes d'Etat, quand ils s'élèvent jufqu'à combiner une bonne & grande injuftice, cela eft affez naturel. Eft-ce à ces gens-là à connoître le pouvoir de la raifon, de cette caufe qui agit féparément, il eft vrai, mais qui, agiffant en même temps dans tous les efprits, fe trouve fans concours, fans concert prémédité, avoir pourtant travaillé dans le même fens, & rallie, au moment propice, plus de volontés, plus de forces individuelles, que ne pourra jamais faire le machiavélifme le mieux entendu? Défions-nous des anciennes habitudes, & de la prétendue habileté des *faifeurs*. C'eft la raifon, oui la raifon qui nous a mûris pour la liberté, & qui doit avoir tout l'honneur de la Révolution. Lorfqu'il s'agit de l'achever, de la confolider, d'en affurer au Peuple tous les avantages, ne devenons point ingrats; gardons-nous de dédaigner la force des principes, & de gâter, de déshonorer notre ouvrage.

» Occupons-nous donc de la Conftitution; hâtons-nous fur-tout, parce que nos ennemis vont employer tous leurs efforts à féduire & tromper un Peuple qui fe laffe facilement. Tout délai inutile ne peut que multiplier les chances en leur faveur. Hâtons-nous, parce que le Royaume périt par le défordre des finances, auquel pourtant il nous eft interdit de remédier, avant d'avoir achevé la Conftitution. Il me femble que ce devroit être pour nous tous une vérité démontrée, & un principe convenu, que tout ce qui ne va pas à la Conſtitution eſt dangereux, que tout ce qui n'eſt pas pour elle, eſt contre elle. Si vous vous pénétrez de ce ſentiment, vous ne commencerez pas ſans doute par bleſſer, par irriter des hommes qui ſont appelés à coopérer avec vous. Puiſque c'eſt avec des Prêtres, avec des Nobles, que vous avez à faire votre Conſtitution, n'ayez pas l'imprudence de les attaquer, de les braver d'avance. Tout le monde ſent aujourd'hui la néceſſité d'établir l'unité ſociale ſur la deſtruction des Ordres, & de toutes les grandes Corporations; nous en viendrons facilement à bout, ſoit parce que les principes en cette matière ſont trop évidens pour qu'on nous oppoſe de longues difficultés, ſoit parce qu'en général, les hommes ne mettent pas à maintenir de pures abſtractions, cette vigueur & cette opiniâtreté avec laquelle on défend une propriété ſenſible & particulière. Non, il n'eſt pas ſage en ce moment de menacer les propriétés du Clergé, & d'indigner contre vous des hommes qui ſeront toujours à vos côtés, dans la carrière que vous allez parcourir.

» Vous dites que vos forces ſeules vous ſuffiront pour achever la Conſtitution, je le veux; c'eſt même pour moi une vérité hors de doute, que la France veut & aura une Conſtitution, quels que ſoient les obſtacles qu'on cherche à lui oppoſer. Mais, au milieu d'une foule de petits combats qu'il vous faudra livrer, n'eſt-il pas à craindre que vous l'ayez moins bonne?

Pouvez-vous au moins nier que tant d'intérêts & de paſſions ſoulevées ne ſoient très-propres à vous retarder dans votre marche ; vous oubliez ainſi & toujours, que ſi votre premier beſoin eſt de faire une Conſtitution, votre ſecond beſoin eſt de l'achever le plus tôt poſſible. Encore une fois, Meſſieurs, allons tout de ſuite à notre but. Dans les changemens prodigieux qui ſe préparent, il n'y aura que trop de malheureux. Ménageons, reſpectons les perſonnes, car c'eſt pour les perſonnes que les ſociétés exiſtent. Les déſordres, il faut les réprimer ; les abus, il faut les détruire ; le deſpotiſme, l'ariſtocratie, il faut les anéantir ſans retour. Perdons la choſe, mais reſpectons les individus ; car ſi l'état ſocial n'a pas pour unique objet le bonheur des individus, je ne ſais plus ce que c'eſt que l'état ſocial.

» D'ailleurs, puiſqu'il faut vous le dire, vous n'êtes pas encore en état d'agiter la queſtion des biens du Clergé, & celle des dîmes en particulier, puiſque vous ne connoiſſez pas encore ce que doit être le Clergé, & quelles deſtinations vous pourrez indiquer aux biens eccléſiaſtiques qui viendront à vaquer. Songez qu'après que la Conſtitution aura tué le Clergé comme Ordre & comme grande corporation, il ne reſtera que des Miniſtres du culte, attachés aux grandes Communes & aux petites Provinces qu'il eſt néceſſaire d'établir en France. C'eſt alors que vous pourrez avec avantage ouvrir de nouveaux canaux aux richesses ecclésiastiques, sans craindre les réclamations d'un Corps que nous supposons détruit. Attendez l'époque où il nous faudra chercher, & balancer tous les moyens de venir au secours des finances; alors la question des dîmes deviendra une des plus intéressantes que l'on puisse traiter, & sous le rapport de l'agriculture que nous soulagerons peu-à-peu de ce fardeau, & sous le rapport du Trésor national auquel les dîmes procureront les plus abondantes ressources. Encore un moment, ce jour n'est pas bien éloigné; je dis mieux, vous le rapprocherez, en l'attendant, parce qu'en tout, il se trouve qu'au lieu de perdre du temps, on en gagne beaucoup, quand on sait mettre chaque chose à sa place. Tenez, permettez-moi de vous donner d'avance une notion légère du plan que je prépare à ce sujet. Je desire ardemment qu'il puisse prêter un peu de force aux invitations de paix que je viens de vous faire.

» Vous avez surement pensé comme moi, qu'une nouvelle Constitution devoit embrasser tous les besoins publics, & créer des moyens surs pour y pourvoir. La charge des pauvres, par exemple, est inséparable d'un état social, où tous les hommes doivent être libres, où la population est immense, & où l'appel du travail, ainsi que ses facultés, sont si inégalement répartis, que les moins favorisés, en ce genre, ne pourroient vivre toute l'année, s'ils étoient réduits à leur seule ressource. Il m'a toujours paru que l'esprit des fondations eccléſiaſtiques permettoit au Légiſlateur d'aſſeoir cette charge ſur les biens du Clergé. Vous penſez d'ailleurs que le Tréſor public ne ſeroit pas en état d'y pourvoir, & qu'il ſeroit en ce moment ſouverainement impolitique d'annoncer même le plus beau des établiſſemens, avec la condition d'un nouvel impôt à créer pour le ſoutenir.

» Dans votre nouvelle Conſtitution, vous aurez auſſi un nouveau plan de l'inſtruction publique à créer. Diſpenſez-moi en ce moment, de vous montrer ſa néceſſité. Les fonds qui ſont déja appliqués à ce beſoin public ſont inſuffiſans. Ainſi nouvelle charge pour le Tréſor national, ſi vous n'aviez l'attention de la faire porter ſur les richeſſes du Clergé. Lorſque vous préſenterez ces nouvelles & utiles deſtinations aux Municipalités, ou plutôt à ces grandes Communes que vous formerez dans toute l'étendue du Royaume, comme la ſeule bonne baſe d'un nouvel ordre de choſes, ſoyez certains qu'à l'inſtant vous ferez naître par-tout la plus grande confiance en vos opérations.....

» Arrêtons- nous un inſtant. Ne ſentez-vous pas déja que les dîmes que vous avez proſcrites dans le fond de vos cœurs, ſeroient enlevées, non plus à des Prêtres, dont le nom ſeul vous met en colère, mais aux pauvres, mais à l'inſtruction générale? Et ce ſeul point de vue ne vous inſpire-t-il pas déja quelques regrets ſur un projet de deſtruction qui tombe principalement ſur la partie du Peuple la plus malheureuſe. Mon opinion bien ferme eſt ſans doute qu'après avoir affranchi les perſonnes, il faut trouver le moyen d'affranchir les terres. Mais certes, je ne penſerai jamais que ce ſoit par l'abolition des redevances territoriales. Donnez au propriétaire le droit de ſe libérer, s'il le veut, par une ſorte de rembourſement ou de rachat. Rendez ce rachat le plus doux, le plus facile poſſible, à la bonne heure ; mais annuller la créance, affranchir le débiteur purement & ſimplement, me paroît le comble de l'injuſtice, &, s'il faut le dire, approcher de la démence ; nous ne ſommes pas envoyés ici pour porter atteinte à la propriété ; la France, l'Europe entière diront anathême à quiconque entreprendra de violer ce premier principe de l'ordre ſocial, ce dieu de toute légiſlation. Laiſſez-moi preſſer mes idées pour vous préſenter, dans le plus court eſpace poſſible, le plan que j'ai conçu ſur les dîmes. C'eſt en elles que j'eſpère pour le ſalut de la France.

» Bientôt le Clergé ceſſant d'exiſter comme Corps, ceſſera d'être propriétaire de ſes biens. Vous n'aurez plus à faire qu'à des Bénéficiers, à la vérité inamovibles, mais ſimples Titulaires viagers. Ne voyez-vous pas déja à votre diſpoſition une immenſité de reſſources, telles qu'il n'eſt pas de *déficit*, de gouffre fiſcal, quelqu profond qu'on nous le démontre, qu'il ne ſoit aiſé de combler. Ainſi, à la vacance des Bénéfices, vous pourrez, d'après les vues que je viens de vous expoſer, vous ſaiſir des domaines fonciers pour inſtituer le nouvel établiſſement eccléſiaſtique, concurremment avec celui des pauvres, & celui de l'inſtruction publique. J'aimerois mieux qu'on ne dénaturât pas ces fonds, & qu'on ſe contentât, par des échanges bien entendus, de reporter ſur les Communes pauvres en ce genre, le ſuperflu de celles où les fondations eccléſiaſtiques ſont ſurabondantes. Mais ſi l'on préfère de vendre ces domaines, & d'en placer le prix au profit du culte, des pauvres & de l'inſtruction, il eſt bien clair, 1°. que vous allez remplir, par ce moyen extraordinaire, tel emprunt national qu'il vous plaira d'ouvrir, ſuivant l'exigence des beſoins ; 2°. que par conſéquent vous allez faire refluer ſur des emplois utiles de la ſociété, en entrepriſes de commerce, d'induſtrie & d'agriculture, les capitaux qui s'accumulent d'ordinaire pour les beſoins du Gouvernement, & qui ſeront enfin forcés de prendre une route productive ; 3°. que le baiſſement du taux de l'intérêt ſera l'effet de cette nouvelle concurrence dans l'offre des capitaux.

» Suivons les avantages directs que cette opération doit d'abord offrir au Tréſor public, n'eſt-il pas certain que, ſans rien faire perdre au ſervice du culte, des pauvres & de l'inſtruction, vous pouvez faire profiter l'Etat de la *différence* entre la rente d'un domaine territorial, & l'intérêt d'une valeur égale prêtée à la Nation ? N'eſt-il pas évident que les grandes

Communes du Royaume recevront toujours une ſomme annuelle, égale à celles dont elles jouiſſoient, lors même qu'au lieu de placer ſur le Tréſor public à cinq pour cent, vous vous ſeriez contentés d'en demander l'intérêt à trois ou trois & demi pour cent : dès-lors vous voyez bien que votre emprunt national ne doit plus être fermé, & que c'eſt à l'Etat à abſorber ſucceſſivement par cette voie tout le prix des biens eccléſiaſtiques, avec lequel vous rembourſerez des capitaux dont vous payez un intérêt bien ſupérieur ;.... je livre à votre imagination les biens infinis qui réſulteront de ce plan de rembourſement, &c.

» Que ſi l'intention de ménager les Provinces vous fait reſpecter les biens-fonds du Clergé, ſur leſquels en effet les Provinces croiront appercevoir une garantie bien plus ſolide des établiſſemens que vous leur promettez : eh bien! les dîmes dédommageront l'état des avantages que vous ne pourrez lui procurer par la vente des biens-fonds. Ce ſera le même plan à ſuivre. Il n'y aura de différence qu'en ce que les ſecours provenans des dîmes ſeront plus prompts, & par conſéquent plus ſenſibles.

» La dîme doit être rachetable. Ainſi le veut la bonne politique, inſéparable de la proſpérité de l'agriculture. La dîme doit être rachetée, parce qu'elle n'appartient pas au propriétaire qui la paye ; & que s'il lui eſt avantageux de la racheter, ce n'eſt pas une raiſon pour lui en faire préſent. La ſeule conſidération qui doive nous guider à cet égard eſt que le propriétaire ne pouvant pas être forcé de racheter, il faut qu'il y trouve ſon profit ; il faut l'intéreſſer à faire l'impoſſible pour ſe décharger de cette onéreuſe preſtation. Ainſi, 1°. on pourra régler que la dîme ſera rachetée, non ſur le pied de ce qu'elle ſe paye, mais ſur le pied du produit net qui revient au décimateur, après avoir prélevé les frais énormes de cette ſorte d'exploitation ; 2°. on pourra ajouter à cet avantage déja ſi conſidérable, celui d'une prime d'encouragement pour ceux qui ſe hâteront d'offrir ce rachat. Cette prime ſera graduelle, en raiſon inverſe du temps que l'on mettra à ſe racheter.

» Encore un moment d'attention, je voudrois rendre tout ceci plus ſenſible par un exemple. Suppoſons qu'une dîme ſoit en elle-même de la valeur de 7000 liv., & que néanmoins le décimateur n'en touche guères que 5000 liv. net. C'eſt en général ce qui arrive ; les frais de perception enlèvent au moins les deux ſeptièmes. Il eſt clair, comme je viens de le dire, que le propriétaire a un extrême in-intérêt à amortir cette redevance ſur le pied de 5000 liv. de rente.

» Enſuite, on ſait que le capital d'une rente territoriale s'eſtime beaucoup plus haut que le capital d'une rente égale ſur le Tréſor public. Les rentes territoriales s'évaluent au denier 30 & même 40 ; & cependant je ne voudrois pas fixer le rachat des dîmes au-delà du denier 25. Nouvel avantage pour le propriétaire.

» D'après toutes ces suppositions, le rachat d'une dîme de 7000 liv. se feroit au prix de 125,000 liv., & cependant on pourroit placer cette somme sur la Nation, de manière à n'en retirer que 5000 liv. de rente, puisque le décimateur n'en avoit pas davantage. Il suffiroit donc de demander à l'Etat 4 pour 100 d'intérêts des sommes provenant du rachat des dîmes.

» J'ajoute que si le revenu des biens-fonds du Clergé, additionné avec la rente des dîmes, venoit un jour à présenter un excédent véritable sur leur nouvelle destination, j'ajoute, dis-je, que nous aurions encore un motif très-probable d'espérer que l'Etat finiroit par ne payer que 3 pour cent, & peut-être moins encore, des sommes provenant du rachat des dîmes.......

N'oubliez pas qu'il y a déja un grand nombre de Bénéfices vacans, que les plus riches Bénéficiers sont presque tous avancés en âge, & qu'une Nation finit assez tôt une opération de la nature de celle dont il s'agit, lorsqu'en la commençant tout de suite, il n'y a plus que quelques années à attendre pour la consommer. Ecartons, à cet égard, tout sentiment d'impatience. Il s'en faut bien que vous ayez calculé les inconvéniens d'une brusque secousse en matière de finances. Il y auroit de la folie à desirer que le rachat de toutes les dîmes arrive à-la-fois & tout de suite au Trésor public. Plus de 70 millions ne se rachètent pas tout-à-coup, au capital de près de deux milliards. Les grands déplacemens doivent être successifs dans un Etat où l'on sait ménager les hommes ; & puis, c'est que vous ne trouveriez pas l'argent nécessaire, c'est que si vous pouviez l'accumuler, ce seroit tant pis pour vous ; car vous dessécheriez jusques dans leur germe l'industrie, l'agriculture & le commerce.

» Cependant, en nous en tenant à notre plan, la chose publique ne s'en relevera pas moins plus prospère que jamais. A peine le Public verra-t-il en perspective l'ordre évidemment rétabli dans la finance, que la confiance renaîtra de toute part; toutes les bourses s'ouvriront; le besoin de prêter n'est pas moins impérieux que celui d'emprunter; vous verrez même les capitalistes chercher à faire des arrangemens particuliers avec les propriétaires des fonds, pour les aider à se libérer plus tôt de la dîme, & à gagner la prime d'encouragement...... Je m'arrête, cette matière ne vous est pas étrangère ; vous voyez aussi bien que moi quel effet ce seroit pour une époque de révolution, que la restauration du crédit public, & le baissement du taux de l'intérêt ; comme un tel évènement seroit propre à faire respecter votre ouvrage, & à honorer à jamais la première Assemblée Nationale de France ! Devant une telle perspective, souffrirez-vous que de petites passions haineuses viennent assiéger votre ame, & réussissent à souiller d'immoralité & d'injustice la plus belle des Révolutions? Quitterez-vous le rôle de Légiſlateurs pour vous montrer, quoi! des *anti-Prêtres?* ne pouvez-vous oublier un inſtant cette animoſité contre le Clergé, dont je ne conteſte point l'exiſtence, puiſqu'au milieu de vous tous, j'ai le triſte privilège d'en être ſeul la victime? Mais eſt-ce à nous à recueillir les opinions qui règnent à cet égard, dans les rues, dans les cafés & dans les ſallons de Paris? devons-nous ſervir cette jalouſie bourgeoiſe qui tourmente l'habitant des petites villes contre M. *le Chanoine*, ou M. *le Bénéficier*? Toutes ces misères de l'homme privé ne ſont point faites pour nous guider dans notre carrière. Le Clergé, comme tous les gros Corps de l'Etat, doit être pris en maſſe. Il faut dire, il faut ſavoir au moins ce qu'il doit être, avant de l'attaquer dans ce qu'il eſt. Allons à la Conſtitution, au rétabliſſement des finances. Encore une fois, ſoyez Légiſlateurs; vous redeviendrez aſſez tôt de ſimples individus pour exercer vos haines, vos mépris, vos vengeances particulières, & au moins vous n'aurez pas à vous reprocher un jour d'avoir détourné, pour ſatisfaire des paſſions privées, le plus grand & le plus reſpectable de tous les pouvoirs.....

» Ceux qui ont condamné la vivacité de mon opinion pour le rachat des dîmes, dans la ſoirée du 10 Août, ne ſe mettent pas aſſez à la place d'un homme qui voyoit ſe diſſiper & s'anéantir pour l'Etat, les reſſources auxquelles il attachoit la reſtauration des finances, & par conséquent le salut public. Il faudroit, pour juger du sentiment dont j'étois agité, avoir devant soi & pouvoir comparer les deux plans dont on commence à faire la différence; l'un pour nous conduire surement au but, en ménageant les personnes; l'autre pour nous perdre dans les broussailles, après avoir ruiné & tourmenté des milliers d'individus: à tort ou avec raison, c'est ainsi que je voyois. Je ne désespère pas cependant; il est encore un moyen de ramener, d'intéresser même au rachat des dîmes, & de les tourner au profit de l'Etat, sans manquer à leur destination primitive. Quoique les articles qui présentent cette idée assez simple, soient renvoyés à la fin du Projet de Loi que je soumets au public, on s'appercevra aisément qu'ils n'en sont pas moins une partie essentielle & fondamentale.

» Maintenant, on voudra bien me permettre de dire, pour la première fois, un mot de réponse à cette foule, dieu merci assez nombreuse, de Censeurs que mon opinion m'a suscités. Le résultat le plus apparent de leurs merveilleuses critiques, se réduit à prononcer, que je suis Membre du Clergé . . . . Réponse. Il est vrai que je suis Membre du Clergé.

» On m'a lancé quelques bonnes épigrammes, & grand nombre de mots insignifians . . . . Réponse. Il est vrai que les mots de la langue appartiennent à quiconque veut s'en saisir, & les bons mots à qui sait les trouver; & qu'après
tout

tout cela, il faut commencer à raisonner quand on le veut, ou qu'on le peut.

On m'a reproché vivement d'avoir été seul de mon avis, contre toute l'Assemblée . . . . Je demande si l'on peut expliquer une telle conduite, autrement que par la folie ou par l'évidence irrésistible de la raison. Choisissez, car l'*intérêt* ne porte pas à se montrer seul contre tous.

On m'a jugé d'après les deux ou trois cents morales d'Etat, de Robe, de Corps, de Société, &c. &c. &c. qui règnent en France, en attendant la véritable & unique morale qui doit être la règle de tous & sur tout. . . . . . Il est vrai que les deux ou trois cents morales de ce qu'on appelle encore *les honnêtes gens*, ne me sont pas favorables, & que j'attends ce qu'en dira la véritable morale.

A mon tour, j'ai quelques remarques à faire.

Depuis long-temps on prend plaisir à répéter d'excellentes plaisanteries contre l'influence de la *maudite Robe* (1), sur les sentimens de celui qui la porte. Quand voudra-t-on observer aussi toute l'influence d'une *Robe* sur les jugemens de ceux qui ne la portent pas ?

Lorsqu'une chose ne paroît fausse qu'à cause de l'habit de celui qui parle, n'y a-t-il pas à parier que ce qu'il dit est vrai ?

---

(1) Point de mauvaise querelle ; je fais allusion au *Procureur-Arbitre*.

N'eſt-il pas un peu ſurprenant que malgré la bonne opinion qu'en général chacun a de ſon eſprit, ſi peu de gens oſent se croire compétens pour connoître d'un raiſonnement & juger de ce qu'il vaut en lui-même? On ne ſe croit permis que de ſe prévenir pour ou contre. Préſentez à des êtres qui ſe diſent raiſonnables, les meilleures raiſons; au lieu d'y regarder, ils lorgnent votre Robe, & ils ſavent tout juſte ce qu'il en faut penſer; & moi auſſi, je ſais ce qu'il faut penſer de cette logique, je vois d'où elle part; mais je ſuis aſſez poli pour ne le pas dire.

PROJET
D'UN DÉCRET PROVISOIRE
SUR LE CLERGÉ, &c.

JE ſens, Meſſieurs (1), que c'eſt de ma part, une entrepriſe difficile & délicate, que d'oſer monter à cette Tribune, pour vous parler du Clergé, quand, placé à cet égard, entre les opinions ſurannées du 11e. ſiècle & celles qui ne devroient appartenir à aucune époque de l'hiſtoire humaine, je m'expoſe évidemment à choquer les nombreux intérêts qui ſe ſont emparés de cette cauſe. Je parlerai cependant. Je porte au fond de mon ame le ſentiment conſolant que je n'ai perſonnellement rien à me reprocher: mais je n'en ſuis pas moins pénétré des difficultés & de l'embarras extrême où nous nous ſommes jetés; pas moins affligé de voir le ſort d'une claſſe entière de Citoyens,

(1) J'avois la parole ce matin, ſur le Clergé. M. *Roederer* qui a parlé le premier, a propoſé d'aborder la queſtion par ſon principe, & de la traiter dans ſon enſemble. L'Aſſemblée en a jugé autrement; elle a interdit de parler d'autre choſe que des vœux monaſtiques. Comme je ne crois pas que cette eſquiſſe de travail puiſſe avoir la moindre utilité, ſi elle n'eſt ſaiſie dans ſon enſemble, je préfére de la ſoumettre à mes Collégues par la voie de l'impreſſion. Ce 12 Février 1790.

qui ne l'a point mérité, s'aggraver de plus en plus, par votre embarras même; pas moins effrayé du danger que courent cent mille hommes innocens, si l'on vient à vous persuader qu'il n'est plus possible de sortir de notre position qu'en les abandonnant. J'aurai donc de nouveau la force de vous dire mon avis, puisque je le crois utile, sans m'informer davantage, s'il me vaudra des applaudissemens ou de la haine.

Vous avez décrété que tous les Curés du Royaume auroient au moins 1200 liv. Votre intention n'a pas été sans doute de puiser dans les richesses du trésor public les moyens d'exécution de cette loi. On ne peut les prendre que sur les biens du Clergé.

Vous avez décrété qu'il sera vendu une masse de biens ecclésiastiques, suffisante pour faire, avec la vente des domaines, une somme de 400 millions. Autre tribut imposé aux biens d'Eglise.

Vous avez décrété l'abolition des dîmes, en vous réservant de fournir un traitement convenable aux Ministres du culte, Aucun d'eux pourtant n'a cru devoir placer sa confiance sur le trésor public : tous attendent leur traitement des seuls biens du Clergé. Ne me refusez pas votre attention sur le rapprochement que je vous présente.

Vous n'avez pas décrété, mais la raison & la justice éternelle ont décrété avant vous, que nulle autorité sociale n'a le droit de faire des loix rétroactives, & que rejetter ce principe, c'est vouloir renverser la société. Tout titulaire actuel a reçu son bénéfice, en vertu de la loi même, à titre inamovible. Rien donc ne peut le déposséder, qu'une force arbitraire. Toute votre puissance se borne à changer cette loi pour l'avenir.

Maintenant, j'ignore par quels moyens vous vous êtes proposés de concilier tous ces Décrets.

Mais une vérité me frappe au milieu de tant de difficultés, c'est que la méthode que vous avez adoptée de traiter partiellement des questions aussi importantes, vous prive de l'avantage le plus essentiel au Législateur, je veux dire de la vue de l'ensemble. Le détail le mieux sçu n'est encore que la moitié de ce que vous avez à connoître ; c'est par leurs rapports mutuels que les détails se lient, se combinent entr'eux & que coordonnés à un but, ils forment un système suivi, seul moyen d'éviter l'incohérence & les contradictions si propres à déshonorer même les meilleures intentions. En outre, l'économie du temps est un de nos premiers besoins : eh ! n'est-il pas trop certain qu'en refusant, comme vous l'avez fait, de prendre en considération l'ensemble de tout ce qui regarde le Clergé, vous vous êtes condamnés ou à vous traîner de questions en questions, pendant l'espace de deux à trois mois, ou à laisser suspendue à la merci du hasard une profession respectable que vous avez, pour ainsi dire, détachée de ses fondemens.

Le Clergé étoit riche ; vous aviez besoin d'argent...... C'est souvent avec des réflexions simples qu'on explique les évènemens les plus extraordinaires. Mais enfin ces richesses, vous les avez mises à la disposition de la Nation ; elles ne vous échapperont pas. N'est-il pas temps de considérer dans le Clergé autre chose que ses biens ? N'est-il pas temps de calmer tant d'inquiétudes perſonnelles, en ſtatuant définitivement ſur le ſort des Titulaires actuels ; & s'il étoit poſſible d'épargner au public ces ſignaux répétés d'alarmes ſur la créance de l'Etat, ces redoublemens de friſſon ſur le ſort des rentiers, qui arrivent à point nommé chaque fois que le Clergé eſt à l'ordre du jour : peut-être arriverions-nous auſſi bien & tout auſſi librement à un réſultat, je ne dis pas capable de ſatisfaire tout le monde, mais au moins qui, en procurant le plus de bien aux uns, feroit aux autres le moins de mal poſſible. C'eſt à quoi je dois borner mes tentatives ; auſſi je me hâte de déclarer qu'à la place du Légiſlateur, je n'aurois pas le courage de dépouiller un ſeul Eccléſiaſtique réligieux ou ſéculier, de la moindre partie de ſa jouiſſance. Mais puis-je m'arrêter à un plan que vos Décrets ont rendu déſormais impraticable ? C'eſt cette année, c'eſt pour le moment, qu'il faut donner les moyens de procurer 1200 liv. au moins, à tous les Curés dont la portion congruë ou la dotation eſt au-deſſous de cette ſomme. Cela ſe peut-il, ſans ôter quelque choſe aux autres Titulaires ? Je ne le crois pas. Ce rapprochement ſeul prouve aſſez que le véritable ſuccès de mon projet ne peut être que d'en empêcher un plus mauvais.

Je me ſuis mis à la place du Clergé, plutôt qu'à celle du Légiſlateur. A la place du Clergé, je ſens que j'offrirois moi-même le plan qui va vous être ſoumis, & que j'en ſolliciterois l'exécution. J'ai beſoin qu'on m'écoute dans cette ſuppoſition, & non dans toute autre. Elle ſeule peut me ſervir d'excuſe. Je la donne d'avance pour réponſe à toutes les imputations préſentes & à venir.

Il feroit trop long de développer l'efprit & la tendance de tous mes articles. S'ils font bien liés, s'ils forment véritablement un enfemble, ils doivent fe déveloper d'eux-mêmes, fans autre fecours que votre attention. Je me borne donc à indiquer les quatre grandes divifions qui partagent mon travail. J'ai dû confidérer ce que le Clergé peut devenir, lorfqu'il fera falarié par la Nation & qu'elle ne permettra plus, avec raifon, qu'il y ait des ferviteurs inutiles. J'ai du m'occupper du fort préfent des Titulaires, & tracer, en quelque forte, le paffage de ce que le Clergé eft encore, à ce qu'il deviendra un jour. Avant tout, j'ai cru qu'il étoit bon, & même convenable, de préfenter aux Départemens & aux Diftricts les avantages folides & locaux, qu'ils doivent retirer des changemens à introduire dans le Clergé. Enfin, il a fallu montrer par quels moyens d'exécution, & en combien de temps, ce nouvel ordre de chofes pouvoit & devoit s'opérer. Ainfi je préfente mon projet de loi fous quatre titres :

Le premier, de la deftination future des biens du Clergé.

Le fecond, de l'état futur du Clergé en France.

Le troifième, de l'état & du fort des Titulaires actuels.

Le quatrième, du plan d'exécution de la préfente loi.

TITRE PREMIER.

De la destination future des biens du Clergé.

ARTICLE PREMIER.

Il sera attribué à chaque District du royaume, sur les biens du clergé, une masse de revenus suffisante pour entretenir les ministres essentiels de la religion catholique, & subvenir aux frais de son culte.

ART. II.

Chaque District du royaume aura de plus, sur les biens ecclésiastiques de son ressort, une double fondation nationale : la premiere pour les pauvres, la seconde pour l'instruction publique.

ART. III.

Après avoir destiné une part suffisante au culte, aux pauvres, & à l'instruction publique, l'assemblée nationale disposera de l'excédent des biens du clergé & des biens de toute autre corporation quelconque supprimée, séculiere, régulière, ou laïque, en faveur des besoins les plus pressans de l'Etat. Il pourra même être créé d'avance des *assignats* particuliers sur ces bénéfices & biens, lesquels assignats seront successivement réalisés à mesure de la vacance de ces biens & bénéfices.

ART. IV.

Le présent décret n'infirme en aucune façon celui qui a été précédemment rendu pour ordonner la vente d'une masse de biens ecclésiastiques, suffisante pour faire, avec la vente des domaines de la Couronne, la somme de 400 millions. Mais l'Assemblée Nationale, manifestant de nouveau ses intentions à cet égard, statue que cette vente ne peut regarder que ceux des biens du clergé qui appartiennent à des bénéfices vacans, ou à des maisons religieuses supprimées, & qui ne gêneront point les destinations décrétées par les articles 1 & 2.

ART. V.

Le Comité eccléſiaſtique s'occupera d'un projet de distribution des biens du clergé, conforme aux destinations & aux bases adoptées par les précédens articles. Il fera de plus une adresse de consultation pour être envoyée aux 83 nouveaux départemens, & pour obtenir des renseignemens exacts sur les besoins relatifs aux localités de chaque District.

TITRE II.

Du Clergé futur.

ART. VI.

Le clergé Catholique cédant ses biens à la Nation, doit naturellement être à l'avenir salarié par elle, sauf la conservation viagère des biens possédés par les titulaires actuels, ainsi qu'elle sera réglée au titre 3 du présent décret.

ART. VII.

Le clergé à l'avenir ne sera plus composé que d'évêques, de curés & de vicaires.

ART. VIII.

Le nombre des évêchés, des cures & des vicariats qu'il faudra conserver ou établir dans la nouvelle division du royaume, sera l'objet d'un travail que le Comité eccléſiaſtique préſentera inceſſamment à l'Aſſemblée Nationale, & ſur lequel il ſera ſtatué avant la fin de la préſente ſeſſion.

ART. IX.

Le plan de réforme de l'établiſſement eccléſiaſtique, qui en conſéquence aura été décrété par l'Aſſemblée, acquerra ſa pleine & entiere exécution dans l'eſpace de 10 ans, c'eſt-à-dire, avant le terme fixe de l'année 1800, & pour cet effet tous les corps adminiſtratifs du royaume veilleront à l'obſervation des articles ſuivans.

ART. X

Parmi les évêchés, cures ou vicariats qui auront été jugés devoir être ſupprimés, ceux ou celles qui vaquent déja, ou qui viendront à vaquer, ſeront éteints; & les adminiſtrations de diſtrict & de département régleront, dans tous ces cas, & dirigeront tout ce qu'il ſera néceſſaire d'ordonner pour la parfaite exécution des décrets de l'Aſſemblée

ART. XI.

Parmi les évêchés, cures ou vicairies qui auront été déclarés devoir être conſervés, ceux ou celles qui viendront à vaquer, ſeront remplis, autant qu'il ſe pourra, par les évêques, curés ou vicaires qui poſſedent des places ſujettes à extinction, ſans interdire néanmoins la nomination d'autres eccléſiaſtiques, pourvu qu'ils ne ſoient pris que dans le nombre de ceux qui ſont aujourd'hui engagés dans la prêtriſe.

ART XII.

En 1799 il ſera fait un dénombrement exact des

évêques, curés & vicaires survivans dans des places sujettes à extinction ; leurs revenus nets seront convertis en pensions viageres & leurs places supprimées, conformément à l'article 9 du présent décret.

ART. XIII.

Tout Citoyen ne pourra dorénavant être engagé dans l'état ecclésiastique sans l'autorisation de la municipalité & du District.

ART. XIV.

Tout homme ordonné par un évêque étranger, ou hors de France, ou contre la disposition de l'article précédent, ne pourra être employé dans le royaume.

ART. XV.

L'article précédent ne s'étend pas sur les prêtres actuellement employés en France, ils pourront continuer à l'être.

ART. XVI.

Le Comité ecclésiastique s'occupera incessamment des conditions de l'éligibilité & du mode d'élection à établir en France, pour les places d'évêques, de curés & de vicaires ; & il sera statué sur cet objet par la présente Assemblée Nationale.

ART. XVII.

Nul individu ne pourra à l'avenir faire le vœu anti-social de rester célibataire pendant toute sa vie.

ART. XVIII.

Toute corporation ecclésiastique tant générale que particuliere, tant réguliere que séculiere est supprimée, sauf la hiérarchie ecclésiastique, & la subordination légale des vicaires aux curés, des vicaires & des curés aux évêques.

ART. XIX.

Tout privilége exclusif de costume pour un ecclésiastique hors des fonctions de son état est aboli. L'habit d'un fonctionnaire public, quel qu'il soit, ne lui est nécessaire que pour son service. Hors de-là, il n'y a que des Citoyens, & ce seroit affecter un orgueil trop ridicule chez un peuple libre, que de porter dans la société la prétention de se distinguer des autres par un habit exclusif.

ART. XX.

Il sera établi tant pour les évêchés que pour les cures & les vicariats qui doivent subsister, un *maximum* & un *minimum* de salaires, c'est-à-dire, une latitude de traitement ou de dotation ecclésiastique, au-dessus & au-dessous de laquelle ce traitement ou cette dotation ne pourront nulle part, ni s'élever, ni descendre.

ART. XXI.

La quotité de ces salaires sera fixée par un décret général; la maniere de les acquitter, par dotation territoriale ou autrement, le sera par des décrets rendus pour chaque département, après avoir entendu leur avis.

TITRE III.

Du sort des Titulaires actuels, &c.

ART. XXII.

A dater du jour de la promulgation du présent Décret, nul ne pourra être en activité de service, dans le Département eccléſiaſtique, que les Evêques, les Curés & les Vicaires de Paroiſſes.

ART. XXIII.

Nul ne pourra être placé en qualité de Vicaire, que là où il y en avoit déja, & le nombre des Vicaires d'une Paroiſſe ne pourra pas être augmenté, autrement que ſuivant le plan indiqué dans les articles VIII & IX du préſent Décret.

ART. XXIV.

Conformément aux Décrets déja rendus par l'Aſſemblée, nul Curé ne pourra avoir moins de 1200 liv.; de plus, nul Vicaire ne pourra avoir moins de 700 liv. D'ailleurs les places d'Evêques, de Curés & de Vicaires ſeront dotées pour l'avenir, ſuivant ce qui ſera décrété d'après le Titre II de la préſente Loi.

ART. XXV.

Les autres Titulaires eccléſiaſtiques, même les Curés, les Evêques & les Vicaires dont le revenu eccléſiaſtique eſt conſidérable, ſeront traités, ainſi qu'il eſt dit dans les articles ſuivans.

ART. XXVI.

Tous les Titulaires du Clergé ſéculier, qui n'ont pas en bénéfices ou penſions eccléſiaſtiques, plus de 6000 liv. de revenu, en conſerveront la pleine & entière jouiſſance leur vie durant, ſauf les impoſitions communes à toutes les claſſes de Citoyens.

ART. XXVII.

Les Titulaires du Clergé ſéculier, autres néanmoins que les Evêques & Archevêques, dont les revenus eccléſiaſtiques réunis paſſent la ſomme de 6000 liv., ſeront ſoumis, mais ſeulement pour ce qui excède ladite ſomme de 6000 liv., à des retenues proportionnelles & progreſſives, telles qu'elles ſont expliquées dans l'article ſuivant.

Art. XXVIII.

Le premier excédent : ſavoir, depuis 6 juſqu'à 10 mille livres, ſera ſujet à la retenue d'un dixième. Ainſi, par exemple, ſur un revenu de 10,000 liv. il ſera retenu 400 liv.; il en ſera retenu 300 ſur 7000; & 150 ſur 7500.

Le ſecond excédent : ſavoir, depuis 10 juſqu'à 15 mille livres, ſera ſoumis à la retenue de deux dixièmes. Ainſi, par exemple, un Titulaire qui a 15,000 livres, payera d'abord 400 liv. pour le premier excédent juſqu'à 10,000 liv., & enſuite cent piſtoles pour le ſecond excédent, qui eſt de 5000 liv. Si le ſecond excédent n'eſt pas complet, il ne payera que les deux dixièmes de ſa valeur réelle. Ainſi, par exemple, un Bénéficier qui a 12,100 liv. de rente, payera, outre les 400 liv. du premier excédent, 420 liv. pour les deux dixièmes des 2,100 liv. qui forment le ſecond excédent, &c.

Le troiſième excédent : depuis 15 juſqu'à 20,000 liv. ſera ſoumis à trois dixièmes de retenue, & ainſi de ſuite, en augmentant d'un dixième, de 5 en 5 mille livres; de ſorte que le neuvième & dernier excédent qui commence à 45,000 liv. pour finir à 50,000 liv. ſera ſujet à la retenue de 9 dixièmes; & qu'au-delà nul Titulaire, s'il n'eſt Evêque, ne pourra conſerver aucun revenu eccléſiaſtique.

ART. XXIX.

Les Evêques & Archevêques qui n'ont pas au-delà de 30,000 de rentes en bénéfices, ou pensions ecclésiastiques, continueront d'en jouir sans aucune retenue.

ART. XXX.

Les Evêques & Archevêques qui ont plus de 30,000 liv. de rente en bénéfices ou pensions ecclésiastiques, seront soumis pour tout ce qui excède cette somme, à la retenue progressive des dixièmes : savoir, le premier excédent de 30 à 40 mille livres, à celle d'un dixième; le second excédent de 40 à 50 mille livres, à celle de deux dixièmes; & ainsi de suite, en augmentant d'un dixième de 10 en 10 mille livres; de sorte que le neuvième excédent qui est de 110 à 120 mille livres, sera sujet à une retenue de neuf dixièmes, & qu'au delà de cette somme nul Titulaire ne pourra conserver aucun bien ecclésiastique.

ART. XXXI.

Les Evêques & Archevêques qui ont actuellement plus de 120,000 liv. de rente en biens ou pensions ecclésiastiques, & les autres Titulaires qui ont plus de 50,000 livres, seront tenus de se démettre d'une partie de leurs pensions, de leurs bénéfices, ou d'une portion des biens d'un bénéfice, suffisante pour qu'ils soient réduits à la somme de revenu qu'il leur est permis de conserver.

ART. XXXII.

En vertu des articles précédens, la plus forte retenue que puisse supporter un Evêque à 120,000 liv.

de rentes sera de 45,000 liv., ce qui réduira ses revenus ecclésiastiques à 75,000 net ; & la plus forte retenue à laquelle tout autre Titulaire pourra être soumis, sera de 22,400 liv. sur 50,000liv. de rente, de sorte qu'il lui restera net 27,6000 liv., sauf toujours pour les uns & les autres la charge des impositions communes, mais seulement sur la portion de revenus qui leur reste net, après la déduction des dixièmes.

ART. XXXIII.

Lorsqu'à la vacance des Evêchés, Cures ou Vicariats qui devront être conservés, on appellera pour les remplir les Evêques, Curés & Vicaires dont les places seront désignées pour être éteintes, les Evêques, Curés ou Vicaires auront d'abord le traitement affecté au poste qu'ils viennent occuper ; & en outre, si leur jouissance ancienne étoit supérieure à ce traitement, ils retiendront de leurs anciens revenus une part suffisante pour ne rien perdre au déplacement.

ART. XXXIV.

Les Chanoines de Cathédrales & de Collégiales, les Chanoinesses, & tous Bénéficiers du Clergé séculier possédant en commun, feront de leurs possessions communes, autant de lots qu'ils sont de partageans co-titulaires ; ces lots seront tirés entr'eux au sort, & seront soumis aux mêmes loix que les autres Bénéfices.

ART. XXXV.

L'article précédent ne regarde pas les Dignités, ni même les Prébendes, &c., qui ne sont point confondues dans les menses communes, & dont les Titulaires jouissent à part.

ART. XXXVI.

Tous les Ecclésiastiques & Religieux non encore engagés dans la prêtrise, seront relevés de leurs vœux par l'autorité légitime, & recouvreront leur ancienne liberté.

ART. XXXVII.

Les Religieux rentés engagés dans la prêtrise, auront une pension viagère qui pourra s'élever jusqu'à 1800 liv., suivant la fortune de leur Ordre respectif.

ART. XXXVIII.

Tout Religieux non renté, engagé dans la prêtrise, aura une pension viagère qui pourra s'élever jusqu'à 1000 liv., suivant la valeur des biens appartenans à son Ordre.

ART. XXXIX.

Les Religieuses auront une pension viagère qui pourra s'élever jusqu'à 1000 liv., suivant le bien de leur maison.

ART. XL.

Tout Abbé régulier ou Abbesse, aura une pension viagère triple de celle qui sera attribuée aux simples Religieux ou Religieuses de sa maison.

ART. XLI.

Les Chefs d'Ordre domiciliés en France, auront une pension viagère dix fois plus forte que celle des simples Religieux ou Religieuses de leur Ordre.

ART. XLII.

Les Prêtres engagés ou associés à de simples Congrégations ou Corporations ecclésiastiques, non comprises dans le Clergé régulier, tels que les Prêtres de la Mission, de l'Oratoire, de la Doctrine Chrétienne, les Sulpiciens, Eudistes, Nicolaïtes, Sorbonistes domiciliés, Navarristes domiciliés, &c. &c. pourront avoir, suivant les fortunes de leurs maisons ou Congrégations, jusqu'à 1800 liv. de pension viagère, s'ils ont passé l'âge de 60 ans; jusqu'à 1200 liv. s'ils ont entre 40 & 60 ans, & jusqu'à 600 l. seulement s'ils ont moins de 40 ans.

ART. XLIII.

Le Comité Ecclésiastique sera chargé de présenter un avis pour régler les secours particuliers ou gratifications qu'il sera convenable d'accorder à tous ceux qui, sous le nom de *Frères Lais, Frères Donnés, Sœurs Converses*, &c. auront passé une partie de leur vie au service des maisons Religieuses & autres maisons supprimées en vertu du présent Décret. Le Comité embrassera dans son avis, le sort des Religieux & autres Ecclésiastiques qui, quoiqu'âgés, ne seroient pourtant point engagés dans la prêtrise.

ART. XLIV.

Toutes Maisons régulières ou séculières, actuellement employées à des œuvres de charité, à l'éducation ou autres objets d'utilité publique, continueront leur service jusqu'à ce qu'il ait été statué sur leur conservation ou suppression, ou modification. Mais toute Corporation ecclésiastique ayant été supprimée par la présente Loi, l'ancienne autorité intérieure, nécessaire au bon ordre de ces maisons, sera remplacée par la Direction Municipale sous celle du District; de sorte que ces maisons seront des établissemens civils dirigés par le pouvoir civil, au lieu d'être des dépendances de l'état ecclésiastique.

Art. XLV.

Pourront néanmoins les individus desdites maisons profiter des avantages accordés par la présente Loi, & même se retirer, à la condition de prévenir, trois mois d'avance, la Municipalité & le Directoire du District, afin qu'il soit pourvu à leur remplacement, s'il est jugé nécessaire.

TITRE IV.

Moyens pour parvenir à l'exécution du présent Décret.

Art. XLVI.

Tous les Titulaires actuels du Clergé séculier, qui voudront conserver l'administration de leurs bénéfices, le pourront, aux conditions qui vont être développées.

Art. XLVII.

Chaque Titulaire enverra l'état exact de tout ce qu'il possède en biens d'église, de ses charges & de son revenu net, au Directoire général des biens ecclésiastiques, qui sera à cet effet, établi à Paris. En outre, il enverra aux Directoires de Département & de District l'état de ce qu'il possède dans le ressort du Département ou du District enfin il donnera à chaque Municipalité l'état du bien & du revenu qu'il possède dans son enclave.

Art. XLVIII.

Les pensions que l'on a sur d'autres bénéfices seront marquées sur ces états, à raison de la situation locale de ces bénéfices.

Art. XLIX.

Le Directoire général pourra seul donner l'autorisation

à un Titulaire, pour régir lui-même les bénéfices qu'il possède.

ART. L.

Si le Titulaire est sujet à la retenue d'un ou de plusieurs dixièmes, cette retenue sera marquée sur le brevet d'autorisation, & le Titulaire sera obligé de compter tous les six mois, à la Caisse générale du Clergé, la moitié de ladite retenue.

ART. LI.

Si le Titulaire possède un revenu supérieur à ce qu'il lui est permis de conserver par la présente Loi, il en sera aussi fait mention dans le brevet d'autorisation, & le Titulaire se démettra à son choix, de la partie de biens qu'il ne peut retenir, sous peine d'en verser le revenu entier à la Caisse générale.

ART. LII.

Les Titulaires qui ne se feront pas autoriser à régir eux-mêmes les bénéfices, s'en rapporteront au Directoire général, qui les fera administrer par les Municipalités, & en fera compter aux Titulaires.

ART. LIII.

Le Directoire général ouvrira un Bureau, où l'on recevra les demandes des Titulaires qui voudront traiter de gré à gré pour la cession de leurs bénéfices, et le remplacement de leur jouissance en pension viagère.

ART. LIV.

Pour toutes ces opérations, le Directoire général sera tenu de consulter les Administrations de Département & de District, & celles-ci prendront des renseignemens exacts des Municipalités, pour mettre le Directoire général en état de se déterminer avec connoissance de cause.

ART. LV.

Les états ou déclarations des Titulaires pourront être contredits par les Municipalités, les Districts & les Départemens.

ART. LVI.

Il sera établi dans chaque Département, une Cour d'équité, pour terminer toutes les questions à naître sur la présente Loi, à l'exception de ce qui regarde la retenue des dixièmes & la fixation des biens qu'il n'est pas permis à un Titulaire de conserver.

ART. LVII.

Cette Cour sera composée de douze Arbitres nommés moitié par les Evêques qui ont leur Diocèse, ou partie de leur Diocèse dans le Département, & moitié par le Directoire du Département.

ART. LVIII.

Les Cours d'équité jugeront définitivement & sans frais.

ART. LIX.

Il sera établi dans la capitale, une Cour générale d'équité, pour juger définitivement & sans frais toutes les réclamations concernant les retenues des dixièmes, & la fixation des biens qu'il n'est pas permis à un Titulaire de conserver.

ART. LX.

La Cour générale d'équité sera composée de douze Arbitres, nommés moitié par les Evêques actuellement siégeans à l'Assemblée Nationale, moitié par le Directoire général.

ART. LXI.

La régie des bénéfices vacans ou qui viendront à vaquer, de ceux que les Titulaires ne seront pas autorisés à régir eux-mêmes, de tous les biens appartenans aux Ordres Religieux, Congrégations & Corporations Ecclésiastiques quelconque, des Fabriques de Paroisses, appartiendra aux Administrations de District, sous la direction de celles du Département & du Directoire général, jusqu'à ce qu'il ait été statué sur la destination de chacun de ces bénéfices.

ART. LXII.

Les pensions sur bénéfices, si elles viennent à vaquer avant ces bénéfices, n'appartiendront pas aux Titulaires, mais seront payées par continuation, à la Caisse générale du Clergé, jusqu'au moment où les bénéfices venant aussi à vaquer, doivent entrer en totalité sous la régie du Directoire du District & recevoir la destination indiquée par le Directoire général.

ART. LXIII.

Les Administrations de District emploieront les Municipalités à la régie des susdits bénéfices situés dans leur enclave, & dans cette gestion, les Municipalités seront comptables & responsables.

ART. LXIV.

En général les Municipalités & Administrations de District veilleront à la conservation des biens d'Eglise, & à l'exécution des Décrets de l'Assemblée, tant pour l'emploi des deniers, que pour la vente des fonds, &c., conformément à ce qui est annoncé au titre premier de la présente Loi.

ART. LXV.

En attendant que toutes les Cures ſoient dotées de 1200 liv. de revenu, conformément aux précédents Décrets, ceux des Curés qui n'ont pas aujourd'hui la totalité de ce revenu, y comprenant les autres bénéfices ou penſions eccléſiaſtiques qu'ils pourront avoir d'ailleurs, recevront de leur Municipalité *un ſupplément curial*, ſuffiſant pour completter leſdites 1200 liv., à dater du 1er. Janvier de cette année.

ART. LXVI.

Les Municipalités prendront ce ſupplément curial ſur les fonds libres des biens eccléſiaſtiques, dont elles pourront avoir l'adminiſtration; s'il n'y a pas de fonds libres, elles s'adreſſeront à leur Diſtrict, & ſi l'adminiſtration de Diſtrict eſt dans le même cas, elle s'adreſſera à celle de Département, & enfin, s'il eſt néceſſaire, au Directoire-général.

ART. LXVII.

En attendant que le Corps légiſlatif puiſſe ſtatuer ſur le remplacement des dîmes, elles ſeront perçues par les Municipalités, au profit du titulaire, s'il y en a un. Si le bénéfice eſt vacant, ou à la mort du titulaire, elles le ſeront au profit des pauvres, ſous la direction du Diſtrict.

ART. LXVIII.

Néanmoins les Municipalités pourront confier la régie de la dîme d'un bénéfice à ſon titulaire actuel, s'il veut l'accepter. Dans tous les cas, elles feront attention que la dîme eſt en totalité, ou dans ſa plus grande partie, le patrimoine actuel ou futur des pauvres; qu'elles doivent employer tous les moyens qui ſont en leur pouvoir pour empêcher qu'une reſſource auſſi précieuſe, auſſi ſacrée, ne ſoit gaſpillée, d'après une fauſſe interprétation des Décrets de l'Aſſemblée. Enfin les Municipalités ſeront reſponſables de leur négligence à cet égard.

ART. LXIX.

N'entend point l'Aſſemblée Nationale empêcher les titulaires & les Municipalités de s'arranger entr'eux à l'amiable pour un équivalent de la jouiſſance viagère des dîmes, pourvu que ces tranſactions ſoient autoriſées par les directoires du Diſtrict & du Département & par le Directoire général, ſans toutefois que ces arrangemens particuliers puiſſent diſpenſer les Bénéficiers ſujets aux retenues des dixièmes, de les acquitter à la caiſſe générale, comme auparavant.

ART. LXX.

Toutes les penſions viagères, ſecours & gratifications, qui ſeront établis en vertu de la préſente Loi, ſeront payés par la caiſſe générale, ou ſur ſes mandemens, par les caiſſes de Département & de Diſtrict, en rempliſſant les formalités uſitées en pareils cas.

ART. LXXI.

Toutes les diſpoſitions du préſent Décret ſeront exécutées le plus tôt poſſible, mais au moins & en totalité, avant l'année 1800, à l'exception ſeulement des diſpoſitions qui ne peuvent avoir lieu qu'après la mort des titulaires.

ART. LXXII.

Il ſera fait en 1800 un relevé de tous ceux des titulaires ſurvivans qui auront été autoriſés à régir eux-mêmes leurs bénéfices, & il leur ſera propoſé d'échanger leurs revenus contre une penſion viagère d'égale valeur. Mais il ſeront libres d'accepter ou de refuſer cette propoſition.

www.ingramcontent.com/pod-product-compliance
Ingram Content Group UK Ltd.
Pitfield, Milton Keynes, MK11 3LW, UK
UKHW021041180726
13838UKWH00004B/1937